Matthias Reimann

Müsli

SELBSTGEMACHT & LECKER

Jan Thorbecke Verlag

Inhalt

Kleine Müsli-Geschichte

„Wer hat's erfunden?" Bekanntlich gibt es auf diese Frage nur eine richtige Antwort – und die gilt auch für Müsli. Oder besser „Müesli", wie die Schweizer Urversion dieses berühmten „Gerichts" heißt. Und das ist die Geschichte: Anfang des letzten Jahrhunderts verordnete der Schweizer Arzt Dr. Benner-Bircher seinen Patienten eine „Apfeldiätspeise", auch „Spys" oder „Mues" genannt, die später unter dem Namen „Müesli" ihren Siegeszug um die Welt antrat. War die Kreation von Benner-Bircher anfangs noch eher karg – neben Haferflocken bestand Birchers Müesli aus Haferflocken, Kondensmilch, einem Apfel und etwas Zitronensaft – so basierte der durchschlagende Erfolg des Müsli wohl auch darauf, dass im Laufe der Jahre eine Vielzahl von Variationen mit den unterschiedlichsten Zutaten entstanden, die nicht mehr alleine gesund waren, sondern nach und nach auch richtig schmackhaft wurden.
Wer heute in den Supermarktregalen nach Müslis sucht, findet dort zumindest ein Grundsortiment an fertigen Müslimischungen. Biomärkte halten ein weitaus größeres Angebot bereit, ebenso diverse Internet-Versender.
In diesem Buch werden allerdings ausschließlich Müsli-Rezepte vorgestellt, die auf den Grundzutaten basieren – Flocken von einzelnen Getreidesorten, allerlei Samenarten wie Chia, Quinoa oder Amarant, frische oder getrocknete Früchte, Nüsse aller Art – und natürlich Milch, Joghurt oder andere Molkereiprodukte. Man kann diese

Grundzutaten fabelhaft variieren und mit den Mengenverhältnissen experimentieren. Man kann den Geschmack verfeinern, indem man etwa Nüsse anröstet oder sein Müsli mit aromareichen Stoffen süßt, zum Beispiel mit Vollrohrzucker, Ahornsirup, Agaven- oder Birnendicksaft. Kurz, wer seiner Kreativität freien Lauf lässt, wird sehen, dass es Spaß macht, Altbekanntes neu zu mischen oder Neues auszuprobieren.

Ich freue mich, Ihnen mit meinen Rezepten und Fotos Anregungen geben zu können. Ich hoffe, dass sich darunter die eine oder andere Neuentdeckung für Sie befindet. Und wer weiß – vielleicht ist ja eine Kreation dabei, die zu Ihrem absoluten Lieblingsmüsli wird.

MATTHIAS REIMANN

PS: In den meisten Rezepten ist Milch eine der Grundzutaten. Sie kann in der Regel problemlos durch Soja-, Hafer- oder auch Mandelmilch ersetzt werden, falls eine Unverträglichkeit bestehen sollte oder Sie einfach vegan essen möchten. Dasselbe gilt für Joghurt oder Sahne.

Birchermüesli

Birchermüesli ist der Klassiker unter den Müslis. Sein Namensgeber ist der Schweizer Arzt Dr. Bircher-Benner, der um 1900 den Patienten seines Sanatoriums eine sogenannte „Apfeldiätspeise" verordnete: 1 Esslöffel Haferflocken wird dabei in 3 Esslöffeln Wasser rund 12 Stunden eingeweicht. Danach wird die Masse mit 1 Esslöffel Zitronensaft und 1 Esslöffel Kondensmilch angerührt und schließlich mit einem kleinen, geriebenen Apfel sowie 1 Esslöffel gemahlener Nüsse vermengt. Aus seinem „Mues" wurde später das „Müesli", wobei die Urversion mit Kondensmilch für die meisten heute eher gewöhnungsbedürftig sein dürfte. Und auch von einem Esslöffel Haferflocken wird man nicht wirklich satt.

(FÜR 2 PORTIONEN)

100 g zarte Haferflocken \ 100 ml Apfelsaft \ 100 ml Milch \ 20 g (2 EL) Rosinen \ 20 g (2 EL) Haselnüsse, gehackt \ 100 ml Schlagsahne \ 1 Apfel \ ½ Zitrone \ 2 EL Ahornsirup oder Honig

❶ Apfelsaft und Mich über die Haferflocken gießen, kurz verrühren und die Flocken einige Stunden (oder über Nacht) aufquellen lassen ❷ Die Haselnüsse grob hacken und zusammen mit den Rosinen und der flüssigen Sahne in die eingeweichten Haferlocken rühren. ❸ Den Apfel vierteln, mit Schale grob reiben und mit dem Saft der Zitrone mischen. Den geriebenen Apfel unter die Haferflocken-Mischung heben ❹ Den Ahornsirup einrühren oder über das Müsli geben

Müslimix 1

(FÜR 10 PORTIONEN)

200 g Mehrkorn-Getreideflocken (z.B. Dreikorn-Mischung aus Hafer, Dinkel und Gerste) \ 100 g kernige Haferflocken \ 3 EL Kokos-Chips \ 3 EL Sonnenblumenkerne \ 2 EL Kürbiskerne \ 2 EL Pistazienkerne \ 2 EL Haselnüsse (oder auch Mandeln) \ 20 g getrocknete Apfelringe \ 3 getrocknete Datteln \ 2 EL Korinthen

❶ Kokos-Chips leicht anrösten und abkühlen lassen. ❷ Währenddessen getrocknete Apfelringe und Datteln kleinschneiden und die Haselnüsse grob hacken. ❸ Alle Zutaten in einer Schüssel mischen und die Mischung in einem großen, fest verschließbaren Glas aufbewahren, wo sie sich etwa vier Wochen frisch hält.

Die Mischung kann – z.B. mit Milch oder Joghurt – sofort gegessen werden. Man kann sie aber auch – z.B. in Milch, Saft und/oder Wasser – einige Zeit quellen lassen (im Kühlschrank auch über Nacht) und danach zum Beispiel mit Joghurt und Früchten genießen.

Buchweizengrütze mit Blaubeeren

(FÜR 2 PORTIONEN)

300 ml Milch \ 100 g Buchweizengrütze \ 20 g (2 EL) gehackte Haselnüsse \ 1 Prise Salz \ 1 TL Ahornsirup \ ½ Banane \ 4 getrocknete Aprikosen \ je eine kleine Msp. gemahlener Ingwer, Zimt und Nelke \ 100 g Beeren der Saison (sehr gut passen etwa Blaubeeren) \ 1 TL Ahornsirup oder Honig bzw. Vollrohrzucker

❶ Die Buchweizengrütze mit der Prise Salz, den Gewürzen und dem Ahornsirup in der Milch aufkochen, dann die Hitze reduzieren und die Grütze unter gelegentlichem Umrühren ca. 15 bis 20 Minuten quellen lassen; eventuell Milch nachgießen. Wenn Sie keine Buchweizengrütze bekommen können, einfach Buchweizenkörner mit dem Mixer grob hacken.
❷ Währenddessen die Aprikosen klein würfeln und die Banane schälen, längs halbieren und die Hälfte in Scheiben schneiden. Die Früchte zusammen mit den gehackten Nüssen unter den noch warmen (oder auch bereits abgekühlten) Brei heben.
❸ Nach Belieben Ahornsirup oder Honig bzw. Zucker darüber geben. ❹ Zuletzt mit den Beeren dekorieren.

Der durchaus »eigene« Geschmack des Buchweizens erhält mit den genannten Gewürzen und dem Ahornsirup eine sehr angenehme Note, die mit den milden Früchten wie Banane und Blaubeeren ausgezeichnet harmoniert.

Porridge

(FÜR 2 PORTIONEN)

100 g zarte Haferflocken \ 1 Prise Salz \ 125 ml Wasser \ 125 ml Milch \ 1-2 EL Sahne nach Belieben \ 1–2 EL Vollrohrzucker oder Ahornsirup \ gehackte Nüsse oder Früchte der Saison (Himbeeren, Johannisbeeren, Zwetschgen ...) \ 2 EL Agavendicksaft

❶ Wasser, Milch und eine Prise Salz zu den Haferflocken geben und unter ständigem Rühren kurz aufkochen; weitere 10 Minuten leicht nachköcheln, dabei mehrmals umrühren; nach Belieben mit 1–2 Esslöffeln Sahne verfeinern – dann jedoch nur 100 ml Milch verwenden. ❷ Den Zucker über den heißen Brei streuen, er löst sich dann noch etwas auf. ❸ Nach Belieben gehackte Nüsse oder Früchte darüber geben.

Was dem „Kontinent" sein Birchermüesli, ist dem Angelsachsen sein Porridge. Das ursprüngliche Armeleute-Essen aus dem schottischen Hochland hat sich, ganz wie das schweizerische Pendant, zum Klassiker entwickelt und stellt für viele Briten den Start in den Tag dar. Mancher schwört dabei übrigens auf die offenbar besonders zarten Haferflocken („Oats") von der Insel ...

Müslimix 2

(FÜR 8 PORTIONEN)

200 g Mehrkorn-Getreideflocken (z.B. Dreikorn-Mischung aus Hafer, Dinkel und Roggen) \ 2 EL Sesam \ 4 EL Amarant, gepufft \ 3 EL Kokos-Chips \ 3 EL Sonnenblumenkerne \ 2 EL Cashew-Kerne \ 2 EL Pistazienkerne \ 2 EL Haselnüsse (oder Mandeln) \ 20 g getrocknete Apfelstücke \ 2 EL Rosinen \ 6 getrocknete Feigen \ 6 getrocknete Aprikosen

❶ Getrocknete Aprikosen, Feigen und Äpfel mit dem Messer grob zerkleinern. ❷ Danach alle Zutaten mischen und in einem luftdichtem Behälter (z.B. Glas) aufbewahren. ❸ Innerhalb von vier Wochen verbrauchen.

Die Kerne und Nüsse können samt den Kokosflocken in einer Pfanne (ohne Öl) kurz angeröstet werden, was einen leicht würzigen Geschmack ergibt. Aber Vorsicht – sobald es aus der Pfanne duftet und sich die erste minimale Bräunung zeigt, sofort aus der Pfanne nehmen.

Gekochtes Getreidemüsli

(FÜR 2 PORTIONEN)

8 EL Getreideflockenmischung (z.B. 6-Korn-Mischung aus Hafer, Weizen, Roggen, Gerste, Reis und Dinkel) \ 100 ml Birnen- oder Apfelsaft \ 200 ml Hafermilch \ je 1 Msp. Kakao, Zimt und gemahlene Vanille \ 1 kleine Prise Salz \ 1 EL Mandeln \ 1 Aprikose (oder 1 Pfirsich) \ 1 Birne \ 1 EL Mandelmus \ 1 EL Sonnenblumenkerne \ 1 EL Korinthen \ 2 EL Birnendicksaft (1 EL + 1 EL) \ 2 EL Agavendicksaft

❶ Den Fruchtsaft und die Hafermilch in einen Kochtopf geben. Die Getreideflocken unter häufigem Rühren in dem Milch-Saft-Gemisch aufkochen, die Gewürze und das Salz einrühren und alles zusammen 5 Minuten köcheln lassen. ❷ Währen die Getreidemischung abkühlt, die Mandeln grob hacken, die Aprikose und die Birne waschen und in Spalten schneiden. ❸ Das Mandelmus zusammen mit den gehackten Mandeln, den Korinthen, den Sonnenblumenkernen und 1 EL Birnendicksaft unterheben. ❹ Zuletzt das Obst sowie den zweiten EL Birnendicksaft darübergeben.

Mandelmus gibt es fertig im Glas – man kann es jedoch auch selbst herstellen: Einfach Mandeln (z.B. 250 g) kurz in kochendem Wasser blanchieren, danach die Haut entfernen und die Mandeln im Backofen minimal anrösten. Danach mit dem Mixer fein mahlen, am Schluss einen Esslöffel neutrales Öl dazugeben und noch einmal kurz durchmixen. Das Mandelmus in ein Glas mit Schraubverschluss geben. Im Kühlschrank hält es sich rund 4 Wochen.

Hafertaler

(FÜR RUND 30 TALER)

100 g Vollrohrzucker \ 1 Prise Salz \ 120 g Butter \ 1 Ei \ 100 g zarte Haferflocken \ 70 g gemahlene Haselnüsse (oder Mandeln) \ 80 g Mehl (Type 405) \ ½ TL Backpulver \ 1 Päckchen Bourbon-Vanillezucker \ 1 Prise Zimt

❶ Den Backofen auf 200° C (Umluft 180°) vorheizen.Zucker, Salz, Butter und das Ei in einer Schüssel cremig rühren. ❷ Die restlichen Zutaten vermischen, zu der Butter-Zucker-Ei-Mischung geben und alles gründlich verrühren. Kugeln von rund 3 cm Durchmesser formen und mit rund 5 bis 6 cm Abstand auf ein Backpapier legen ❸ So lange backen, bis die Kugeln zu Talern verlaufen sind und an den Rändern goldbraun werden (ca. 6-8 Minuten). ❹ Nach Abkühlen in einem Vorratsglas oder einer Dose aufbewahren.

Zwei bis drei Hafertaler zu einer Tasse Kaffee – ein eiliges Frühstück, wenns mal selbst zum Müsli nicht mehr reicht ... (Auch ein idealer Stimmungsaufheller für trübe Nachmittage).

Chia-Müsli mit Apfel und Zimt

(FÜR 2 PORTIONEN)

2 EL Chia-Samen \ 6 EL Reisflocken \ 2 EL Mandelmus \ 200 ml Mandelmilch \ 1 Msp. Zimt \ 1 Msp. gemahlene Vanille \ 1 Apfel \ 1 EL Agavendicksaft

❶ Chia-Samen, Reisflocken und Mandelmus in die Mandelmilch rühren und mindestens 1 Stunde (oder über Nacht) quellen lassen. ❷ Den Apfel vierteln, samt Schale grob reiben und mit dem Zimt und der Vanille würzen. ❸ Chia-Reisflocken-Mischung eventuell noch einmal mit ein bisschen Mandelmilch aufrühren, dann den geriebenen Apfel unter die Masse heben. ❹ Nach Belieben Agavendicksaft darüber geben.

Haben Chia-Samen in Mexiko eine bis zu den Azteken zurückreichende Tradition, so gelten sie bei uns derzeit als der letzte Schrei in Sachen gesunder Ernährung. Und tatsächlich punkten die unscheinbaren Körnchen mit einem unglaublich hohen Anteil an Kalzium, Antioxidantien, Omega-3-Fettsäuren und wichtigen Proteinen. Geschmacklich eher unscheinbar, runden sie dieses Müsli harmonisch ab und machen es zu einer gesunden kleinen Mahlzeit.

Knuspermüsli

(FÜR 12 PORTIONEN)

200 g kernige Haferflocken \ 200 g zarte Haferflocken \ 50 g Kokos-Chips \ 40 g Haselnüsse (oder Mandeln), grob gehackt \ 4 EL Sonnenblumenkerne \ 3 EL Kürbiskerne \ 3 EL Sesam \ 1 TL Zimt \ ½ TL Salz \ 100 ml Ahornsirup \ 2 EL Honig \ 100 ml Sonnenblumenkern- oder Erdnussöl \ 100 g Korinthen (oder Weinbeeren) \ ca. 5–6 getrocknete Aprikosen, gehackt

❶ Beide Sorten Haferflocken, Kokos-Chips, die gehackten Haselnüsse, die Sonnenblumen- und Kürbiskerne sowie Sesam, Zimt und Salz in einer Schüssel vermengen. Ahornsirup, Honig und Öl unter die Mischung rühren und die Masse in einer offenen Auflaufform oder auf einem mit Backpapier ausgelegten Blech verteilen. ❷ Im Ofen bei 170° C ungefähr 30 Minuten lang backen, dabei das Gemisch einige Male wenden, sodass das Müsli gleichmäßig bräunt. (Achtung – nicht dunkel werden lassen!) ❸ Nach dem Backen 1–2 Minuten abkühlen lassen, dann die Korinthen sowie die gehackten Aprikosen daruntermischen. Achtung: Erst wenn das Knuspermüsli völlig abgekühlt ist, klumpt die Mischung teilweise zusammen – ein erwünschter Effekt. ❹ Knuspermüsli in einem großen Vorratsglas luftdicht aufbewahren, wo es sich 2–3 Wochen hält.

Längst nicht so süß wie Fertigmischungen, außerdem stets knusprig und lecker – eine großartige Mischung für den schnellen Müsligenuss. Am besten schmeckt es mit Joghurt und Früchten.

Mehrkorn-Müsli mit Aprikose und Pfirsich

(FÜR 2 PORTIONEN)

100 g Mehrkornflocken (z.B. Hafer, Dinkel und Roggen) \ 200 ml Hafer- oder Mandelmilch \ 2 EL Haselnüsse \ 1 EL Rosinen \ 2 EL griechischer Joghurt \ 1 Aprikose \ 1 Pfirsich \ 2 EL Agavendicksaft

❶ Getreideflocken in der Hafermilch über Nacht quellen lassen. ❷ Haselnüsse grob hacken und zusammen mit den Rosinen dazugeben. ❸ Alles zusammen mit dem griechischen Joghurt verrühren. ❹ Aprikose und Pfirsich waschen, in Spalten schneiden und auf dem Müsli verteilen. ❺ Nach Belieben Agavendicksaft darübergeben.

Griechischer Joghurt wird bei uns immer populärer. Nicht ohne Grund: Mit ca. 9% enthält er zwar deutliche mehr Fett als normaler Naturjoghurt – schmeckt dafür aber sooo gut!

Smoothie-Mehrkorn-Müsli

(FÜR 2 PORTIONEN)

150 ml Smoothie (mit Früchten nach Gusto) / 6 EL Mehrkornflocken / 2 EL gepuffter Amarant / 1 EL Walnusskerne / 1 EL Sonnenblumenkerne / 1/2 EL Leinsamen / 150 g Joghurt / 100 g Früchte der Saison – z.B. Blaubeeren / 1 TL Grenadine

❶ Smoothie zu den Mehrkornflocken gießen, bis die Flüssigkeit gerade so über den Flocken steht, und mindestens 1 Stunde oder über Nacht einweichen. ❷ Danach Amarant, Walnuss- und Sonnenblumenkerne sowie Leinsamen einrühren. ❸ Joghurt unterheben. ❹ Früchte der Saison – z.B. Blaubeeren – sowie etwas Grenadine darübergeben.

Bei diesem Smoothie sollte man sich bei Früchten, Smoothie und Sirup für eine rot-blaue Variante oder für eine gelb-orange entscheiden: z.B. Waldbeersmoothie – Blaubeeren – Grenadine oder Mangosmoothie – Bananenstückchen – Aprikosensirup.

Erdbeer-Knuspermüsli

(FÜR 2 PORTIONEN)

100 g Knuspermüsli (siehe Seite 25) / 100 g Naturjoghurt / 100 g Magerquark / 200 g Erdbeeren / 50 g Blaubeeren / 2 EL Agavendicksaft

❶ Das bereits auf Vorrat zubereitete Knuspermüsli in zwei Gläser oder Schälchen geben. ❷ Erdbeeren und Blaubeeren waschen; Erdbeeren putzen und halbieren. ❸ Joghurt und Quark grob mischen. ❹ Erdbeeren, Blaubeeren sowie die Joghurt-Quark-Mischung über das Knuspermüsli geben, zuletzt nach Belieben mit Agavendicksaft süßen.

Dieses Müsli ist nicht nur schnell zubereitet, es ist aufgrund der Früchte und der leichten Joghurt-Quark-Mischung auch richtig erfrischend!

Himbeermüsli

Dieses Müsli punktet mit einem besonderen Getreide: Das Inka-Korn Amarant ist reich an Mineralstoffen und glutenfrei.

(FÜR 2 PORTIONEN)

6 EL Mehrkornflocken (z.B. mit Hafer, Dinkel oder Roggen) / 4 EL gepuffter Amarant / 250 ml Milch / 1 größerer, würziger Apfel / 1 EL Zitronensaft / 2 EL Agavendicksaft / 2 EL gemahlene Haselnüsse (oder Mandeln) / 2 EL gehackte Haselnüsse (oder Mandeln) / 200 g Himbeeren (außerhalb der Saison auch Tiefkühl-Himbeeren – davon dann nur 150 g)

❶ Getreideflocken und Amarant unter ständigem Rühren kurz in der Milch aufkochen und langsam abkühlen lassen. ❷ Währenddessen den Apfel vierteln, samt Schale reiben und anschließend mit Zitronensaft mischen. ❸ Den geriebenen Apfel zusammen mit dem Agavendicksaft, den Haselnüssen sowie den Himbeeren (einige für die Deko vorher beiseite stellen) in das Müsli rühren (gefrorene Himbeeren vorher auftauen und warten, bis sie Zimmertemperatur erreicht haben) ❹ Zuletzt die restlichen Beeren dekorativ auf dem Müsli verteilen.

Wer statt der Mehrkornflocken Haferflocken nimmt, erhält ein glutenfreies Müsli.

Kirschmüsli

(FÜR 2 PORTIONEN)

100 g Müslimix 1 (siehe Seite 10) / 200 g griechischer Joghurt / 200 g Süßkirschen / 1 oder 2 TL Bourbon-Vanillezucker / eventuell Agavendicksaft (s.u.)

❶ Müslimix mit einem – oder nach Belieben auch zwei – Esslöffel Vanillezucker mischen. ❷ Kirschen waschen und halbieren, Kerne entfernen. ❸ Müslimix, Kirschen und Joghurt schichtweise in zwei Gläser oder Schälchen füllen.

Dieses Müsli schmeckt auch mit Sauerkirschen – dann jedoch je Portion 1 EL Agavendicksaft darübergeben.

Buntes Früchtemüsli

Ein herrliches frisches Müsli für warme Sommertage. Es lässt sich durch verschiedenste Früchtekombinationen unendlich variieren!

(FÜR 2 PORTIONEN)

10 EL Müslimix 2 (siehe Seite 17) / Je eine Handvoll verschiedener Früchte – z.B. Erdbeeren, Himbeeren, Kirschen, Blaubeeren, ½ Kiwi / 100 ml Milch / 100 g Joghurt

❶ Knuspermüsli in ein (nicht zu kleines) Glas oder eine Müslischale geben. ❷ Früchte waschen, putzen, ggf. entsteinen sowie halbieren. ❸ Milch und Joghurt in das Müsli rühren und schließlich die gewaschenen, geputzten, ggf. entsteinten und halbierten Beeren dazugeben. ❹ Am besten genießen, solange das Müsli noch knusprig ist.

Ein Schlag griechischer Joghurt obendrauf gibt dem Ganzen noch den cremigen Schmelz!

Müsli mit Johannisbeeren und griechischem Joghurt

Eine höchst leckere Kreation aus knusprig, cremig und fruchtig – und nebenbei eine Zierde für jeden Frühstückstisch!

(FÜR 2 PORTIONEN)

200 g Johannisbeeren (rote, schwarze, gelbe, weiße – oder gemischt) / 250 g Griechischer Joghurt / 1 Msp. gemahlene Vanille / 8 EL Knuspermüsli (siehe Seite 25) / 2 EL Agavendicksaft

❶ Johannisbeeren waschen, Beeren von den Rispen trennen (eventuell eine Rispe zur Dekoration übriglassen). ❷ Die gemahlene Vanille in den Joghurt rühren. ❸ Knuspermüsli, Beeren und Joghurt schichtweise in ein Glas füllen. ❹ Auf die obere Joghurtschicht einzelne Beeren dekorativ verteilen und etwas Agavendicksaft darüber geben.

Ein Päckchen Bourbon-Vanillezucker kann den Agavensirup und die gemahlene Vanille ersetzen.

Hirse-Kokos-Müsli mit Melone

Ein ebenso ungewöhnliches wie leckeres Müsli – das mit der Kombination aus Hirseflocken, Kokos und Melone eine leicht exotische Geschmacksnote hat.

(FÜR 2 PORTIONEN)

100 g Hirseflocken / 200 g Joghurt (Soja-Joghurt) / 50 ml Milch / 25 g (4 EL) Kokos-Chips / ½ Zuckermelone (z.B. Cantaloupe-Melone) / 2 EL Agaven-Dicksaft (oder Blütenhonig)

❶ Hirseflocken mit dem Joghurt und der Milch verrühren. ❷ Währenddessen die Kokosraspeln kurz anrösten. ❸ Sobald sie beginnen, hellbraune Farbe anzunehmen, sofort aus der Pfanne nehmen. ❹ Melone waschen, halbieren und Schale sowie Kernen entfernen; danach in Spalten (oder Würfel) schneiden. ❺ Agavendicksaft in die Hirseflocken einrühren. ❻ Darauf die Melonenspalten oder -würfel geben. ❼ Zuletzt die Kokosraspeln darüber streuen.

Müsli-Drink

Der Drink ist schnell zubereitet und angenehm kühl, da Milch und Joghurt in der Regel aus dem Kühlschrank kommen. Sättigt außerdem überraschend gut!

(FÜR 2 PORTIONEN)

40 g (4 EL) Mehrkornflocken / 250 ml Milch / 150 g Joghurt / 1 reife Banane / 1 EL Honig (oder Agavendicksaft) / Nach Belieben Beeren der Saison

❶ Alle Zutaten im Mixer oder mit dem Pürierstab kurz durchmixen. ❷ Als Alternative zu dem intensiveren Geschmack des Honigs eignet sich der eher neutrale Agavendicksaft.

Beerentraum

Ein ebenso dekoratives wie auch lecker-fruchtiges Müsli mit ungewöhnlichen Zutaten.

(FÜR 2 PORTIONEN)

3 EL Hirseflocken / 2 EL Erdmandelmehl / 100 ml Mandelmilch / 1 EL Goji-Beeren / 4 EL feine Kokosraspeln / 150 g Joghurt / 4 EL Agavendicksaft / 1 Msp. gemahlene Vanille / 150 g Brombeeren / 150 Himbeeren

❶ Hirseflocken mit dem Erdmandelmehl gut eine Stunde in der Mandelmilch quellen lassen. ❷ Danach die Goji-Beeren untermischen, eventuell noch etwas Mandelmilch zugeben, falls die Masse zu fest geworden ist. ❸ Kokosraspeln, Joghurt, 2 Esslöffel Agavendicksaft und gemahlene Vanille miteinander vermischen. ❹ Hirse-Erdmandel-Mischung in ein Glas geben und die Brombeeren daraufschichten, danach die Kokos-Joghurt-Creme, darauf die Himbeeren. ❺ Zuletzt nach Belieben 2 Esslöffel Agavendicksaft darübergeben.

Sollten Sie Goji-Beeren oder Erdmandelmehl bislang nicht kennen, probieren Sie es einfach mal aus – Sie erhalten beides im Biomarkt. Vorsicht bei den Goji-Beeren: Sie haben einen interessanten, herb-süßen Geschmack, sind aber im getrockneten Zustand recht hart – auf die richtige Art, sie einzuweichen kommt es an.

Tropical-Müsli

(FÜR 2 PORTIONEN)

100 g Reisflocken / 300 ml Kokosmilch / 2 EL Kokos-Chips / 2 EL Soja-Joghurt / 400 g kleingeschnittene tropische Früchte – z.B. Mango Papaya, Kaktusfrucht, Kiwi, Ananas, Banane, Cherimoya ... / 2 TL Vollrohrzucker (oder Agavendicksaft)

❶ Reisflocken mindestens 1 Stunde (oder über Nacht im Kühlschrank) in der Kokosmilch quellen lassen. ❷ Kokos-Chips in einer Pfanne ohne Fett leicht anrösten; wenn sie zu duften beginnen, aus der Pfanne nehmen. ❸ Kokos-Chips zusammen mit dem Joghurt unter die eingeweichten Reisflocken mischen. ❹ Früchte waschen, schälen, zerkleinern und die Hälfte davon unter das Müsli heben. ❺ Nach Belieben mit Zucker oder Agavendicksaft süßen. ❻ Zuletzt die andere Hälfte der Früchte dekorativ über das Müsli verteilen.

Der Auswahl der tropischen Früchte sind keine Grenzen gesetzt. Viel Spaß beim Experimentieren ...

Feigenmüsli

(FÜR 2 PORTIONEN)

80 g Drei- bzw. Mehrkornflocken / 100 ml Wasser / 100 ml Milch / 1 Apfel (z.B. Jonagold oder Rubinette) / 2 EL Zitronensaft / ½ Banane / 5 reife Feigen / 2 EL Mandeln / 2 EL Sahne / 2 EL Joghurt / 1 Msp. gemahlener Kardamom / ½ TL Zimt / 2 EL Ahornsirup

❶ Getreideflocken mit Milch und Wasser mehrere Stunden (oder über Nacht) einweichen. ❷ Apfel samt Schale grob reiben und mit dem Zitronensaft mischen. ❸ Die halbe Banane längs durchschneiden und dann in Scheiben schneiden. ❹ Feigen waschen, drei davon würfeln, die beiden schönsten für die Dekoration vierteln. ❺ Mandeln grob hacken. ❻ Sahne (geschlagen oder ungeschlagen), Joghurt, geriebene Äpfel, Bananenstücke und die drei gewürfelten Feigen, die gehackten Mandeln und die Gewürze mit den Getreideflocken mischen. ❼ Zuletzt die geviertelten Feigen dekorativ auf das Müsli setzen und mit 1 EL Ahornsirup übergießen

Als Alternative für frische Feigen eignen sich auch getrocknete Feigen. Diese sollte jedoch vorher zerkleinert und zusammen mit den Getreideflocken einige Stunden in Wasser eingeweicht werden.

Quinoa-Birnen-Müsli

(FÜR 2 PORTIONEN)

100 g Quinoa / 250 ml Milch / 1 Birne / 6 getrocknete Aprikosen / 6 getrocknete Datteln / 2 EL Birnendicksaft

❶ Quinoa in einem Sieb kalt abbrausen. ❷ Danach unter ständigem Rühren in der Milch aufkochen und bei reduzierter Hitze 15 Minuten quellen lassen. ❸ Währenddessen die Birne schälen und würfeln. ❹ Die Aprikosen und Datteln mit dem Messer grob zerkleinern und zusammen mit den Birnenstücken unter den Quinoabrei mischen. ❺ Zuletzt Birnendicksaft darübergeben – oder in den Brei einrühren.

Quinoa ist – wie Amarant – ein sogenanntes „Pseudogetreide". Es enthält kein Gluten, dafür Eiweiß und wichtige Mineralien (z.B. Magnesium und Eisen), außerdem sämtliche essentiellen Aminosäuren. Dieses einstige Grundnahrungsmittel der Inkas wird heute wieder entdeckt und gewinnt vor allem bei Menschen mit Glutenunverträglichkeit zunehmend an Beliebtheit.

Hafermüsli mit Zimt und Pflaumen

Ein Müsli für kalte Tage, das am besten schmeckt, solange es noch warm ist!

(FÜR 2 PORTIONEN)

8–10 getrocknete Pflaumen / 100 g zarte Haferflocken / 400 ml Milch / 1 TL Zimt / 2 EL brauner Vollrohrzucker oder Ahornsirup

❶ Pflaumen kleinschneiden. ❷ Milch und Haferflocken unter ständigem Rühren in einem Topf aufkochen. ❸ Die zerkleinerten Pflaumen mit der Hälfte des Zimts hinzufügen; alles langsam abkühlen lassen. ❸ Zuletzt mit dem braunen Zucker betreuen bzw. den Ahornsirup darübergeben und noch einmal einen dekorativen Hauch Zimt darüberstreuen.

Buttermilch-Quark-Müsli

Die Buttermilch mit dem Quark gibt dem Müsli eine überraschend fruchtig-frische Note!

(FÜR 2 PORTIONEN)

200 g Quark / 80 ml Buttermilch / 6 EL Haferflocken / 4 EL gepuffter Amarant / 1 Apfel / 1 TL Zitronensaft / 1 EL Korinthen / 2 EL Haselnüsse, gehackt / 1 EL Honig / eventuell Apfelspalten zur Dekoration

❶ Quark und Buttermilch cremig rühren. ❷ Haferflocken und gepufften Amarant einrühren. ❸ Den Apfel vierteln, mit Schale grob reiben und mit Zitronensaft mischen. ❹ Den geriebenen Apfel, die Korinthen und die gehackten Haselnüsse in die Quark/Buttermilch/Getreide-Mischung rühren. ❺ Nach Belieben Honig darübergeben oder einrühren.

Dünn geschnittene Apfelspalten, in Zitronensaft gewendet, ergeben eine hübsche Dekoration

Müsliriegel

(ERGIBT RUND 20 STÜCK)

80 g Sonnenblumenkerne / 80 g Kürbiskerne / 3 EL Sesam / 50 g Mandeln / 200 g Haferflocken, kernig / 150 g Haferflocken, zart / 150 g Butter / 200 g Honig / ½ TL Salz / 60 g getrocknete Aprikosen / 100 g Rosinen / 50 g Cranberries

❶ Sonnenblumenkerne, Kürbiskerne, Sesam und Mandeln zusammen in einer Pfanne ohne Fett anrösten und in eine Schüssel geben. ❷ Danach in der Pfanne Haferflocken ohne Fett anrösten. ❸ Butter und Honig hinzufügen und schmelzen lassen. ❹ Mandeln und Aprikosen grob hacken. ❺ Alle Zutaten in eine Schüssel geben und gut vermischen. ❻ Mischung auf einem mit Backpapier versehenen Backblech verteilen. Ein weiteres Backpapier darüberlegen und die Mischung damit glattdrücken, dann das Papier wieder entfernen. ❼ Bei 150° C 20–25 Minuten backen, bis die Mischung anbräunt. ❽ Das Blech aus dem Ofen nehmen und die noch warmen Riegel vorschneiden. ❾ Nach dem Abkühlen die Schnitten vollständig trennen und in einem luftdichten Behälter aufbewahren.

Die Riegel werden mit nach dieser Methode nicht so fest wie gekaufte Müsliriegel (die in der Regel Mehl und Eier enthalten). Allerdings haben Sie dafür den Charme des Unperfekten – und besser als gekaufte schmecken sie sowieso!

Orangenmüsli

(FÜR 2 PORTIONEN)

50 g Hirseflocken / 50 g Haferflocken / 200 ml Milch / 1 Orange / 2 EL Rosinen / 3 EL Mandelstifte / 100 g Joghurt / 2 EL Agavendicksaft

❶ Hafer- und Hirseflocken mindestens eine Stunde (oder über Nacht) in der Milch quellen lassen. ❷ Die Orange filetieren: Mit einem Messer komplett schälen (auch die weiße Innenhaut muss weg), danach entlang der Trennhäute jeweils das Fruchtfleisch herausschneiden. ❸ Die Hälfte der Orangenspalten kleinschneiden und zusammen mit den Rosinen sowie der Hälfte der Mandelstifte in das Müsli mischen. ❹ Joghurt und Agavendicksaft untermischen. ❺ Zuletzt die restlichen filetierten Orangenspalten auf das Müsli legen und die übrigen Mandelstifte darüber streuen.

Filetierte Orangenspalten sind zugegebenermaßen etwas aufwändig - aber sehr delikat! Wenn's schneller gehen soll, tun es natürlich auch herkömmliche Orangenstücke mit Haut.

Maulbeermüsli

(FÜR 8 PORTIONEN)

20 g getrocknete Apfelringe / 6 getrocknete Aprikosen / 200 g Dreikorn-Flocken (z.B. Hafer, Dinkel und Roggen) / 20 g (8 EL) gepuffter Amarant / 3 EL Sonnenblumenkerne / 100 g Cashewkerne / 3 EL Leinsamen / 50 g getrocknete Maulbeeren

❶ Die Apfelringe etwas zerkleinern und die getrockneten Aprikosen grob hacken. ❷ Anschließend alle Zutaten in einer Schüssel mischen und in ein dekoratives Glas (oder Tüte) füllen und luftdicht verschließen

Nach Belieben mit Etikett oder Schmuckband versehen – fertig ist ein hübsches, leckeres und aufgrund der Maulbeeren auch besonderes Geschenk!

Wärmendes Wintermüsli mit Ingwer

Ein leckeres Müsli, das von innen wärmt und einen damit für graue, kalte Herbst- und Wintertage bestens wappnet!

(FÜR 2 PORTIONEN)

80 g Getreideflocken (z.B. Mischung aus Hafer, Dinkel und Roggen) / 200 ml Milch / 1 Apfel / 1 TL geriebener Ingwer / 6 getrocknete Datteln / 300 g Joghurt / 2 EL Honig

❶ Getreideflocken mindestens eine Stunden (oder über Nacht) in der Milch einweichen. ❷ Apfel samt Schale grob reiben. ❸ Ingwerstück fein reiben. ❹ Datteln entsteinen und halbieren. ❺ Alles zusammen mit dem Joghurt mischen. ❻ Zuletzt über jede Portion 1 Esslöffel Honig gießen.

Übrigens kann die Ingwerwurzel auch mit Schale gerieben werden, da sich dicht darunter viel Geschmack und Vitamine befinden. Dann jedoch vorher mit heißem Wasser gründlich bürsten und die holzigen Teile entfernen.

VERLAGSGRUPPE PATMOS

PATMOS
ESCHBACH
GRÜNEWALD
THORBECKE
SCHWABEN

Die Verlagsgruppe
mit Sinn für das Leben

MIX
Papier aus verantwortungsvollen Quellen
FSC® C012425
FSC www.fsc.org

Für die Schwabenverlag AG ist Nachhaltigkeit ein wichtiger Maßstab ihres Handelns. Wir achten daher auf den Einsatz umweltschonender Ressourcen und Materialien.

www.thorbecke.de

Gestaltung: Finken & Bumiller, Stuttgart
Druck: Offizin Andersen Nexö, Zwenkau
Alle Photos: Matthias Reimann
Hergestellt in Deutschland
ISBN 978-3-7995-0621-2